folio cadet ▪ premières lectures

Le Petit Nicolas
d'après l'œuvre de René Goscinny
et Jean-Jacques Sempé

Une série animée adaptée pour la télévision par Matthieu Delaporte, Alexandre de la Patellière et Cédric Pilot / Création graphique de Pascal Valdès / Réalisée par Arnaud Bouron. D'après l'épisode « Tuuuuut », écrit par Frédéric Valion.

Adaptation : Emmanuelle Lepetit
Maquette : Clément Chassagnard
Le papier de cet ouvrage est composé de fibres naturelles, renouvelables, recyclables et fabriquées à partir de bois provenant de forêts plantées et cultivées expressément pour la fabrication de la pâte à papier.
Loi n° 49-956 du 16 juillet 1949 sur les publications destinées à la jeunesse
ISBN : 978-2-07-065726-1
N° d'édition : 260450
Dépôt légal : janvier 2014
Imprimé en France par I.M.E.

IMPRIM'VERT
Votre imprimeur agit pour l'environnement

Le Petit Nicolas

Papa casse mes jouets !

GALLIMARD JEUNESSE

Le Petit Nicolas et ses copains

Maman Papa

Alceste Clotaire Eudes

La maîtresse Le Bouillon

Louisette Marie-Edwige Geoffroy Agnan

DRING ! Ça sonne à la porte. Comme ses parents sont occupés, Nicolas va ouvrir : c'est Alceste.

– Je peux venir chez toi ? demande le garçon. J'ai apporté mon train électrique.

– Bien sûr, entre vite ! l'accueille Nicolas.

Les deux copains montent dans la chambre de Nicolas pour jouer. Ils commencent à installer le circuit, quand le papa de Nicolas glisse un œil dans la pièce. Son regard se pose sur le train.

– Qu'il est beau ! s'extasie-t-il. Quand j'avais votre âge, je rêvais d'en avoir un !

Il s'approche l'air de rien.

– Hum… Tu sais ce qui va se passer, Nicolas, si tu abîmes ce joli train ?

– Oui, Papa : je vais devoir le remplacer avec mon argent de poche ! soupire Nicolas, qui connaît la leçon par cœur.

Son papa saisit un bout de rail.

– Je crois que ce morceau se met à cet endroit, remarque-t-il en le fixant sur le circuit.

Nicolas, heureux de jouer avec son papa, s'empare d'une autre portion de rail.

– Et si on faisait un virage par ici ? propose-t-il.

– Non, pas ici… Plutôt là ! ordonne son père.

– Moi, je poserais bien la gare dans ce coin, suggère Alceste.

– N'importe quoi ! décrète le papa de Nicolas. La gare, elle vient là. Le pont…

ici. Les maisons... de ce côté... Le passage à niveau... comme ça.

Tandis qu'il s'affaire à tout installer, les enfants ne peuvent même plus toucher au circuit !

– C'EST PAS JUSTE ! Nous aussi, on voudrait jouer ! finissent-ils par râler.

– Euh... oui, mais vous pourrez mieux jouer quand j'aurai tout mis en place ! se justifie le papa de Nicolas. Allez prendre votre goûter en attendant.

En descendant vers la cuisine... DRING ! Nicolas entend à nouveau sonner à la porte. Il va ouvrir : c'est M. Blédurt.

– Bonjour, mon petit. Est-ce que ton père est là ?

– Il est dans ma chambre, il joue au train électrique, répond Nicolas en lui montrant les escaliers.

Le garçon rejoint ensuite Alceste, déjà attablé pour le goûter.

– Si on mettait la radio ? lance Alceste, en appuyant sur le bouton de sa station favorite.

Nicolas appuie sur un autre bouton.

– C'est pas ta radio, c'est celle de mon père. Alors c'est moi qui choisis l'émission !

– Justement ! réplique Alceste. Ton père, il est en train de jouer avec MON train. Alors je fais ce que je veux avec SA radio.

Furieux, Nicolas attrape la radio. Alceste en fait autant. Les deux garçons tirent de toutes leurs forces. Le poste leur échappe et tombe par terre… BOUM !

De son côté, M. Blédurt s'est faufilé jusqu'à l'étage. Il surprend le papa de Nicolas, penché au-dessus du circuit, qui fait avancer le petit train à la main.

– TCHOU-TCHOU ! fait-il en mimant le bruit de la locomotive.

M. Blédurt éclate de rire.

– HA, HA, HA ! HOU, HOU, HOU, HOU ! s'esclaffe-t-il, les larmes aux yeux. Qu'est-ce que tu as l'air ridicule à jouer au train comme un gamin !

Piqué au vif, le papa de Nicolas se redresse au milieu du circuit.

– Ose le dire encore une fois ! menace-t-il en faisant un pas vers son voisin.

Un drôle de CRAC retentit alors sous son pied...

Dans la cuisine, les garçons sont catastrophés : ils ont cassé la radio.

– Je vais devoir la remplacer et tout mon argent de poche va y passer, se désole Nicolas.

– On pourrait la réparer, réfléchit Alceste. Tu as de la colle ?

– Il y en a dans le bureau de mon père ! s'écrie Nicolas.

À l'étage, le papa de Nicolas est lui aussi bien embêté : il a écrasé le transformateur du train.

– Puisque je suis très gentil, je vais t'aider à le rafistoler, rigole son voisin. Tu as de la colle ?

Dans le bureau, les deux garçons cherchent la colle. Nicolas a ouvert en grand le tiroir de la table et il fouille.

– HOURRA ! crie-t-il en brandissant le tube de glu.

Au même instant, son père surgit dans la pièce. Nicolas a juste le temps de cacher la colle derrière son dos.

– Euh… on cherche des piles pour la radio. Ça y est, je les ai trouvées ! dit-il en les attrapant de l'autre main.

Tout sourire, les garçons sortent de la pièce à reculons.

Les deux adultes se mettent en quête de la colle. Mais elle n'est plus là !

– BON SANG ! Où ai-je bien pu la fourrer ? s'énerve le papa de Nicolas.

Il se gratte le menton, puis son visage s'éclaire.

– Peut-être est-elle dans la cuisine !

De leur côté, les copains ont beau appuyer sur le tube, rien n'en sort.

– Elle est sèche, ta glu, constate Alceste.

– Allons chez Marie-Edwige, suggère Nicolas. Elle en a peut-être !

Nicolas et Alceste foncent hors de la cuisine, la radio sous le bras. Dans le couloir, ils croisent le papa de Nicolas.

En entrant dans la pièce, celui-ci aperçoit la colle sur la table.

– Je savais bien qu'elle était là !

Il la rapporte à M. Blédurt. Le voisin appuie sur le tube mais, évidemment... rien n'en sort !

– Il faut juste enlever le bout séché à l'extrémité avant de s'en servir, explique le père de Nicolas.

Et, joignant le geste à la parole, il tire d'un coup. POP !

M. Blédurt peut enfin réparer le transformateur. Il le branche sur la prise électrique.

– À présent, voyons si le train marche…

CLIC ! il appuie sur le bouton. La locomotive s'ébranle. Mais elle n'a pas fait trois centimètres que… BLIZZZ ! une étincelle jaillit de la prise, qui devient toute noire. Le train s'arrête net.

– Mince ! s'exclame M. Blédurt. Il est bel et bien cassé !

Chez Marie-Edwige, les garçons sont soulagés. La fillette a réparé la radio avec sa colle d'écolière.

– Allumons-la pour voir, recommande Alceste.

Nicolas appuie sur le bouton... Mais aucun son ne sort du poste.

– Elle est vraiment FICHUE !

– Qu'est-ce qu'on va faire ? gémit Nicolas.

– Mon cher ami, tu te noies dans un verre d'eau ! lui répond Marie-Edwige. Tu n'as qu'à remettre la radio à sa place sans rien dire.

– BONNE IDÉE !

Le poste cassé sous le bras, Nicolas retraverse le jardin de Marie-Edwige.

Mais, pas de chance ! sa mère l'interpelle de l'autre côté de la haie.

– Nicolas, tu peux me donner la radio ? Les plombs ont sauté à la maison et c'est l'heure de mon émission préférée.

– Bah… C'est que… bafouille Nicolas, prêt à tout avouer.

– CE N'EST PAS POSSIBLE ! ment alors Marie-Edwige en s'emparant du poste. Je suis en train d'apprendre aux garçons à danser sur une chanson qui passe justement à la radio ! Vous voulez voir ? (Puis elle chuchote à l'oreille de Nicolas :) Je te conseille de jouer le jeu. Comme ça, ta mère croira qu'elle fonctionne.

Marie-Edwige appuie discrètement sur une télécommande cachée dans sa poche. Et, tandis que la musique sortant du salon de sa maison résonne dans le jardin, Nicolas et Alceste sont bien obligés de s'enlacer et de se dandiner en rythme : la honte !

– L'électricité est revenue ! annonce enfin le papa de Nicolas du perron.

La maman de Nicolas rentre écouter son émission et Marie-Edwige rend sa radio à Nicolas.

Alceste fait un pas en avant.

– Bon, les copains, maintenant qu'on a bien fait les andouilles... commence-t-il, si on allait ENFIN jouer avec mon train ?

Cependant, dans la chambre de Nicolas, une mauvaise nouvelle attend Alceste.

– Je suis désolé, mon bonhomme, ton train ne fonctionne plus, lui avoue le père de Nicolas d'un air penaud.

Il fouille dans sa poche et en sort un gros billet.

– Toutefois, comme je le dis toujours : « Qui casse paie ! » Celui qui abîme quelque chose doit le remplacer. Et cela vaut pour les enfants… comme pour les adultes !

Restés seuls dans la chambre, les deux copains contemplent le billet, l'air ahuri.

– Tu vois, IL EST CHOUETTE, MON PÈRE ! s'exclame Nicolas, fier de son papa.

– Ouais, LE MIEN AUSSI ! se réjouit Alceste.

– Comment ça ? demande Nicolas, qui ne comprend pas.

– Bah ! quand il a vu que mon train n'arrêtait pas de faire sauter les plombs à la maison, explique Alceste, il m'a juste dit : « Va jouer chez Nicolas ! » Il devait savoir que ton père adorait donner des billets pour remplacer les jouets cassés !

je lis tout seul

Pour les jeunes apprentis lecteurs
Niveau 2

n° 1 *La photo de classe*

n° 2 *Même pas peur !*

n° 3 *Les filles, c'est drôlement compliqué !*

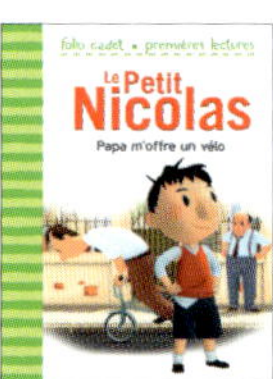

n° 4 *Papa m'offre un vélo*

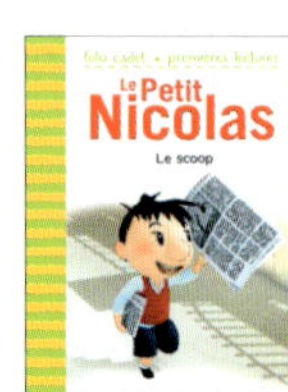

n° 5 *Le scoop*

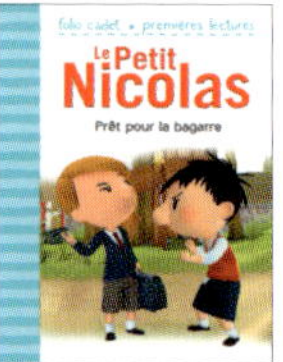

n° 6 *Prêt pour la bagarre*

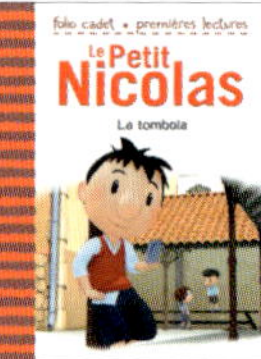

n° 7 *La tombola*

n° 8 *La leçon de code*

n° 9 *Le chouchou a la poisse*

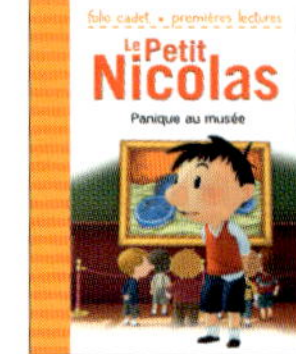

n° 10 *Panique au musée*

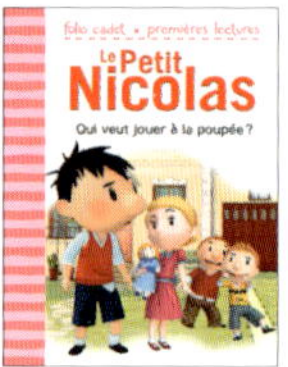

n° 11 *Qui veut jouer à la poupée ?*

n° 12 *La bande des pirates*

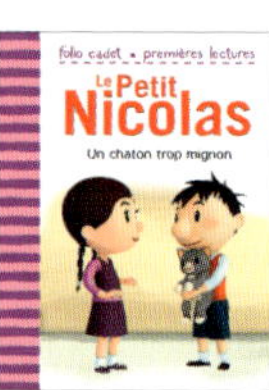

n° 13 *Un chaton trop mignon*

n° 14 *En route pour le pique-nique !*

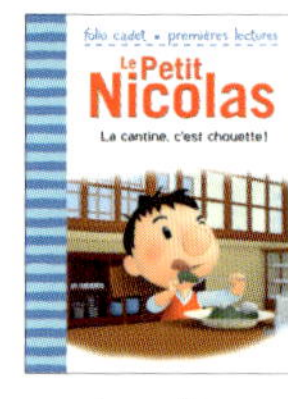

n° 15 *La cantine, c'est chouette !*

n° 16 *On ne parle pas aux chouchous !*

n° 17 *Abracadabra !*

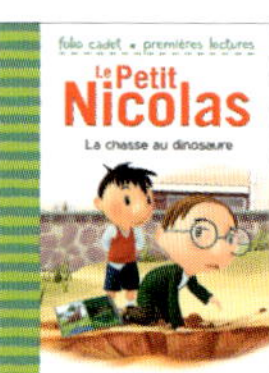

n° 18 *La chasse au dinosaure*

n° 20 *En garde, chevalier !*